# POESIES ET PRIERES

Florilège

25 NOVEMBRE 2020
CLAUDE PARISET
Guyancourt

Florilège

Prologue

J'ai tiré l'inspiration pour mes poésies parmi toutes les sources de la vie quotidienne.

De leur variété avant et pendant le confinement, le coronavirus a bouleversé nos habitudes. J'ai écrit sous forme de sonnets libres et semi-marotiques l'impact sur notre temps présent qu'il m'a suggéré dans cette guerre contre ce mal invisible dans sa contamination mais bien réel dans nos hôpitaux, dans la seconde partie de ce recueil.

En attendant qu'un autre Bouleau ne condamne, comme en 1674, mon art poétique plein de modernité sans m'imposer le caractère contraignant qu'offre dans son genre une règle de l'art de versifier en alexandrin, j'ai composé un florilège de sonnets en altération de forme : ABAB BAAB CCD EED qui respecte la norme des tercets français de Clément Marot.

En effet le sonnet est tombé en désuétude puis dans l'oubli avant que les littéraires du XIXème le redécouvrent. En acceptant ces nouvelles contraintes, je veux créer une forme de poésie libre car toute norme est destinée à être transgressée, le sonnet dit "italien" comportait deux quatrains et deux tercets de forme fixe : ABBA ABBA CCD EED comme le sonnet marotique.

Le mot sonnet vient du latin sonare : "sonner", mot dérivé de son, sorte de chanson ou de poésie. Ainsi Marot serait le précurseur du slam ou du Raï.

Il est de bonne maîtrise de n'y laisser entrer aucun vers faible ni rencontrer un mot déjà mis.

La rime est un enjeu esthétique, la signature poétique d'un sonnet qui se révèle l'instrument d'une véritable machine à penser.

Pendant ce temps, les contacts avec les maisons d'édition se sont poursuivis.

Je vous offre une appréciation poétique de la société Nombre 7 en retour de ma présentation du livre "Ode et sonnets marotiques" :

De simples mots épars, j'ai bricolé

De simples mots à la fleur éventée

Les beaux vôtres les auront inspirés

Et leurs atours, joliment ciselés

Pour vous dire ô combien j'ai apprécié

Vos beaux vers et la musique élevée

Qui atteignent les muses par trop délaissées

Qui atteignent les muses parfois si blessées

Ces belles laisses à l'accent caressé

Ces jolis mots, de leur chant enlevé

M'ont certes, bien étonnement bercé

Alors poète, soyez-en remercié

Par l'équipe Nombre7, soyez salué

Bien à vous, nos sentiments empressés

Cordialement, nos sentiments dévoués.

1ère partie.   Divers sonnets.

Le téléphone


Par le ciel brumeux la lune distille son halo

Une femme voilée parle à gorge déployée

Dans sa paume un téléphone annonce allo !

Un chat noir, superstition vous y croyez ?


Avec elle se tait un homme, un mec falot

Parle-t-elle à son patron ou à un employé ?

Elle dit : soyez esprit pas démon, soyez,

Dans la rue où se croisent les badauds.


Calme dans la nuit par la musique les mœurs aussi

Il y a peu je voulais mourir sans souci

Mais en face, à bout, il y a la souffrance.


En offense syndicats actifs, artistes en grève

Presque Candide sans être décontenancé par ce que je rêve

Vivre ou mourir est affaire de patience.

Le salon de coiffure

La belle dame a son portable en danger
Cette muse s'amuse, erre et muse
En effet sa batterie est bien déchargée
La patrie en danger loin de la cambuse.

Sortie du salon de coiffure bien arrangée
Elle, avec son sex-appeal comme arquebuse
De guerre lasse avec ses piles qui s'usent
Wonder Woman de couleur au style orangé.

Je reste gagnant de la coupe aux lèvres humides
De son corps et de son torse limpides.
Réincarné enfin en roi plus qu'en petit laquais

Il subsiste un épi en crâne dans les blés
Sur une tête sans pou je serais comblé
Sitôt elle oublie ma tête de canard laqué.

Paroles de chocolat

Le commerce est affaire de mots d'amour
La serveuse derrière sa caisse prouve qu'elle existe
Par l'argent et les paroles tour à tour
Sous les néons, à la tentation, je résiste.

Un jour sans client rien de plus triste
Toute la ville le sait même le bourg.
Elle écoute avec ferveur mes calembours
Comme règlement de tout compte, oh Christ !

Le stock de chocolat praliné est là
Elle offre pour tous au choix un chocolat.
Maintenant une bonne file d'attente de saints

Je ne sais pourquoi je suis encore là avec cabas
À attendre mon tour vers l'eau de là
Passer au rayon infra mon achat à dessein.

Maison d'édition

Sans l'esprit l'homme n'est rien
Qu'un animal bipède rien de plus.
Si tous les gens aimaient la poésie en surplus
Ils aimeraient Dieu en Amour et non en païen.

Si l'argent n'est plus le moteur de la guerre en us
Il serait combustible de l'amour, un moyen,
De donner de guérir de prier notre doyen
D'éviter de proférer hiatus ou long laïus.

Petit est mon budget et acheter cinquante
Livres sans savoir qui les acquerrait me hante
Ma participation éventuelle reste impossible

Malgré toutes mes belles rimes d'harmonie
Je ne dépense qu'avec parcimonie.
Gratuite est la chasse à l'érosion sans cible.

Le Kéfir 1

Dans peu de temps je boirai du Kéfir

Granulés figues et fruits ensemble fermentées

Un jour suffit, je m'en contente

Avec ce goût pétillant à ravir.

Monseigneur ton breuvage me tente

Laissons les bulles sur les figues sévir

La soif est là c'est boire ou mourir.

Inutile de vider sa bourse ou sa rente.

Les zestes de fruits se soulèvent et nagent

Les fruits secs se gonflent avec rage

Montent en surface tels des ludions soyeux.

Les fruits gorgés de bulles se lèvent surnagent

Tout le nectar remplit les bouteilles sauvages

Réitération récurrente, eau et sucre, joyeux.

Kéfir 2

Donne du Kéfir à ton homme

Tu verras comme il s'immunisera

Si tu y mets une orange et une pomme

Tu diras : il économisera.

Promesse d'une bonne digestion avant un somme

Un répit, une sieste, une pause il te fera.

J'embouteille le jus, il dira

Ersatz de boisson pétillante, Kéfir il se nomme.

Le sucre fait fermenter les granules

Testé et goûté prêt en deux jours par ses émules

Comme la chloroquine il serait l'antidote contre le virus.

A priori un nectar au goût fruité

En boire un litre par jour, sans l'égoutter

À ce jour, il n'existe pas de malus.

Trahison


Cœur de Pierre, mûr en trahison

Où est ton pardon matériel ?

Amour sans si et sans mais, par raison

Ton silence reste éternel et immatériel.


Ta quiétude lumineuse se mêle au réveil

À chaque chose de ma maison.

As-tu toute chose à foison ?

Que ton esprit oublie notre merveille !


D'être encore en vie et souffrir

Rares sont les amis qui se disent s'offrir

Et puis trahir par leur abandon.


Que je ne me justifie pas encore,

Qu'il me faut quitter âme et corps,

Recevoir au ciel un traître sans pardon ?

Pâques

Loin d'avoir l'air déconfit, je vis reclus

Mon unique premier roman a eu peu de lecteur

De toute souffrance dont je suis perclus

Une épaule ignorée de moi par mon puissant protecteur.

Jésus est parmi nous, sommes-nous déchus

De tout miracle de toute guérison à notre heure

La volonté de Dieu est celle de nos docteurs

En France un front béni, oint dit occlus.

Saint est le Seigneur et tous ses saints

Disciples et apôtres qui de Jésus diront avoir faim ?

Si son corps a disparu de la grotte, avait-il un sosie ?

Blessé, lui aussi par des romains en outrage

Thomas le jumeau a vu ses plaies causées par le carnage

De l'homme-dieu en croix au corps par le sang rosi.

Foi

Un blanc-seing tâché de savon noir
Un sein blanc dévoilé pour une tétée
Des poitrines et des bustes tarabustés
Et dessinés, comme fit le peintre Renoir.

Signature apposée pour une prière du soir
Sang du Christ en janvier et en été.
Sur le crâne et le côté, toucher et croire
Que le fils de Dieu est mort puis ressuscité.

Un exemple pour tous, du pardon des péchés
Ses disciples ont vu sans être empêchés,
Heureux ceux qui croient sans avoir vu.

Raison avouée contre un peuple mécréant,
Ponce Pilote et ses soldats, tous méchants
Jusqu'à la grotte où ils sont parvenus.

Promenade

Le jour n'en finit pas avec son spleen
Les allers vers Paris sont moroses
Maintenant difficile de voir la vie en rose
Penser au jeune et l'ancien nommés Pline.

Pourtant sage je fais acte de discipline
Nourrissant sur la route ma névrose
Seul et solitaire chemin sans prose
En louange ou en prière, muse en tourmaline.

Les feux rouges des voitures rais ondoyants
Tracent de gré mon espace de croyant.
Que dire où penser en croisant ces usagers ?

Empruntant la voie à l'impasse diffractée
Par la nuit noire à pied sans être tractés.
Morne rêve sans souci, songe passager.

Chlordécone

Moi qui mange des avocats pour ma santé

Je pensais, certain avocat soulève toute chose.

Là, il faut bien avouer que la motivation est la cause,

Les faits disent vrai, ils sont là pour nous hanter.

Libertés d'egos et collectives sont à décanter.

Le bien et le mal du chlordécone liés sans pause

La vie passe comme le temps avec sa dose

D'injustice voilée contre l'humain et sa santé.

Combien de morts au nom du progrès ?

Les mêmes au nom de l'argent que l'état agrée,

L'esclavage, aiguillon économique certes.

Pour condamner il faut des preuves en lice

Présomption d'innocence chérie par la justice.

Indemnisons ! Mais combien de pertes !

## Travail

Le travail c'est la santé, liés ?
Au boulot, armé d'entre les murs
Passion, jalousie, sinécure
D'Apsi ou psi vous daignez ?

Parlez et fulminez sur vos cahiers
Devenir citoyen c'est plus sûr.
Le travail c'est la santé, liés !
Au boulot armé d'entre les murs

Une entrave allemande, hier en cure,
Marshall ! Se méfier d'un cœur pur
Le coût du passage de cyclone à payer, dur !

Danser chanter pour se défouler
Mais le travail c'est la santé, liés.
Le chlordécone est une dictature !

Tempête

Ciara Inès et Dennis ont soufflé

Cet hiver est une saison sans neige.

Toutes ces tempêtes ont un prénom décalé

Avec ces dégâts, qu'en sais-je ?

Tous derrière ces tempêtes de vent, clés

D'un réchauffement climatique pensais-je

Rester tranquille et zen sur son siège

Content, en sécurité à observer des records inégalés.

De près, les mesures météo suivent la réalité

Ici et là des hommes sont habilités

À réparer et sauver des âmes.

Certains naufragés durant ce tumulte

Ont tout perdu en ce dimanche de culte

Devant la communauté en crise je me pâme.

Ehpad

Bonjour d'après Pâques aux aides-soignants
Qui luttent férocement contre la contamination
À Laetitia l'animatrice si active de Korian
Recevant ma leçon de poésie en animation.

Par un geste barrière pour trouver un mot séant
De sept lettres récapitulation du tableau de l'action
En attente du lendemain de la solution en bénédiction
C'était deviner un mot fléché géant.

Jacqueline Josée er Arlette restent les plus assidues,
Nul doute pourtant que la énième page soit ardue
Connaître le tableau de Mendeleïev et tous ses éléments.

Délivre-nous de tout mal Seigneur
Donne-nous le don de l'intelligence sans peur
Fais-nous résister face à l'ennui du confinement.

Souffrances

Mon Seigneur est mon Dieu

Heureux ceux qui croient sans avoir vu

Exulter de joie sans euphorie est-ce odieux ?

Se relever après la chute, une bévue ?

Recevoir une action blessante dans les yeux

Et pardonner celui que je n'ai jamais revu

Tout au moins je ne l'ai pas prévu

Je souffre de larmes dans l'attente des Cieux.

Tous ces lancers de boule ont blessé mon épaule

Et la cohue en internat pour manger en Gaule ?

Les glissades en ski, les entorses au genou.

Réconforté sans être intimidé c'est mon espoir.

Dieu est miséricordieux j'espère encore croire

Sans t'avoir vu, avec toi, réconcilié, je renoue.

Masque

Comme la somme des faces opposées d'un dé
Une semaine comporte autant de jours
Le dimanche, jour de l'as, Jésus mon Amour
Ressuscité parmi les morts proches décédés.

L'école au logis en confinement est un bon procédé
Contre la contamination ici et alentour.
L'enseignement basé sur l'écologie n'est pas si lourd
L'envie de toujours plus d'argent deviendra démodée.

La TVA a un siècle, alors Lauré, content ?
Les masques taxés pour combien de temps ?
Taxe obligatoire pour tous les consommateurs.

Le masque à l'avantage de cacher nos rides
Les stigmates de souffrance, dessous se propage le covid
La discipline restera l'apanage de nos professeurs.

Notre Dame De Paris

Pour toute bougie d'anniversaire la flèche a brûlé
Celle de Notre Dame à notre grand dam
Drame en cendres pour nos prières chamboulées
Par la maladresse inconcevable d'un quidam.

Il était une fois, il y avait la foi, annulée
Actions de pompiers rendus caducs, ah ! Si Adam !
Retour au Moyen Age, tout ce ramdam
Cathédrale à consolider aux murs adulés.

Reste de cendres la flèche de Viollet-Le-Duc
Ce qui nous prend la tête et la nuque
Couronne d'épines vin d'épices vénérables.

Cinq ans pour transfigurer et reconstruire
Ce qui subsiste d'un incendie à fuir
Une suite pour Victor Hugo aux misérables.

Mythe de la caverne

Un travail digne n'est pas esclavage
Humeur mélangée de tristesse et de joie
Tâche aveugle de mon œil sans coloriage
J'imagine des ombres rebelles telles que je les vois.

Dans l'obscure caverne de mon être, un mariage
En noir et blanc, le mythe de Platon, ma foi
Une allégorie, l'ombre des objets fait parler de soi
Loin de la lumière exigeante d'un message.

Projecteur aveuglant en situation d'ignorance
Inventé pour faire parler, en prisonnier des apparences
Loin de la Nature vraie, réelle vision du monde.

Le prisonnier reclus dans sa caverne est rempli d'idées reçues
Il doute dans l'incertitude par le déni de la réalité perçue,
Par soumission le philosophe décrète que la terre est ronde.

Le nain

Question subsidiaire : le nain porte quoi ?
La misère de ses gènes ou une chance ?
Ici Paris, une revue c'est n'importe quoi
La naine Joséphine et son H1N1 dansent.

Tout virus serait interdit de circulation, pourquoi ?
Parce qu'il grève nos libertés je pense
Et après ? La société en dette était déjà un non-sens.
L'or et l'argent un scalp, trophée d'iroquois !

Voir un nain voilà qui est rare et surprenant
Il détient de petites bourses au débit haletant
Avec lui les homos n'ont qu'à bien se tenir.

Nombrils du monde et nous petits français
Audace du mariage d'un mongolien et d'un noir, en essai
Les minorités subsistent pour des exemples à bénir.

Une rencontre


Mentir sur son âge

Devenir médisant

Injuste partage

Oui ! mes dix ans.


Tournons à page

Prioritaire séduisant

À l'âge reluisant

À la fois roi et mâle.


Sur le marché tu sers

Tu fais fi du commissaire

De vue je te reconnais.


Dans ma vie la faim

Et toi tu oublies ta fin

Il te faut tenir règne et harnais.

Prophètes

Il y a eu des prophètes, le dernier, Jésus
Que dire des vieux hommes qui, depuis se succédèrent ?
Avaient-ils le bon facteur Rhésus ?
Pour lutter contre les impies et les oppresseurs.

L'alliance de Dieu et les prophètes ont fait des déçus
Par un coup de langue maternelle ou étrangère.
Tout espoir de communion jamais prolifère
L'image donnée par des inconnus sans dessous ni dessus.

Tous ces artistes télévisuels sont peu prophètes.
Ne tarde que l'indifférence au milieu de la fête
La vision de la Nature est la plus belle.

Je ne parle pas de la beauté des filles
Qui passe comme une rose des îles
Mais plutôt de la surprise bucolique réelle.

Écoute dans la nuit.

Après quarantaine et carême à Faucon
J'envoie à Guy quelques mots d'amour
Par internet, Isidore de Séville sans façon
Mon père tous les saints sont aux alentours.

Pour les loubards et les animaux la vie est une leçon
Tu ne pouvais plus en sortir, voyage sans retour,
Que la vie soit belle, Faucon vaut le détour
Les vieilles taupes te voient en soutane plutôt qu'en caleçon.

Que ta prose est soutenue dans tes livres !
Tant de faits évoqués que tu nous délivres,
Pauvre, sans roupie et sans sonnets, la rue pour toi, le poète.

Plein d'humilité oserais-je vérifier avec dextérité ?
Face aux docteurs de la loi et leur cupidité
Père Guy sème le vent, de la main il oriente la girouette.

Déconfinement

As-tu l'air dépité, cher homme, ou déconfit
As-tu touché les limites du confinement ?
L'enfermement dans nos frontières est sans répit
Ta sortie, une corvée, maintenant ta vie est apaisement.

Les choses importantes restent un défi
Tu floues comme une chouette et son ululement.
Dans la nuit s'illumine d'un repos après épuisement
Contre ce virus infâme épineux comme un kaki.

Une vocation de comédien n'est pas dû à un virus
Un sonnet est œuvre d'un rythmicien mal en us.
Comme un brigand enchaîné par des poucettes.

Ainsi il ne peut se gratter sans se contaminer
Coït décontenancé ? Nenni, juste encalminé
Dérogation de sortie de sa maisonnette.

Tu sors

Trente-neuf, zéro, zéro à l'aide !
But, retrouver son code pin.
Le téléphone est en corde raide
Tous les numéros ne sont pas sur mon calepin.

Rien de grave la vie n'est pas si laide !
Mon fils, un artichaut ! est-ce que tu dînes ?
Veux-tu garder tes vêtements dans la naphtaline ?
Tu vis sous les néons des villes et les LEDS.

N'oublie pas ton masque, sage protection.
Avant la confiance il faut la prospection
La vie est telle d'une jungle, en ville !

Tant de gens y rôdent, bons ou mauvais.
Un ami est un trésor qui promet
La charité de son Amour et remplit sa sébile.

Maman

Ma jolie maman je pense encore à nos beaux jours
Qui rallongent en juin en une insolente lumière.
Elle fait fleurir les roses blanches trémières
Toi qui es née sous le signe des gémeaux pour toujours.

Résister à la tentation, tel est ton discours.
Ronde planète inondée de soleil comme hier.
Déjà chaleureuse pour les êtres éloignés en prière
Oubliant leur ombre se mêler en pensée d'amour.

Distance, espace-temps, allongée près de ton homme
Réunis pour l'éternité terre et ciel en somme
En résumé tu nous as appris la quiétude de la vie.

Existence faite d'orage et de bonheur pour un temps
Réconcilie-moi avec mon Dieu et son vent.
Le virus invisible nous inspire avec une douce folie.

L'ordre

Le désordre n'est qu'un ordre particulier
Certes, vider son sac est une expression
Comme le ranger à sa place sans bourse délier
Et pouvoir retrouver une chose vite, sans oppression.

Une habitude que le zodiaque du bélier
Ne peut confondre avec une dépression
Que l'économie a bon dos en récession !
Je sors une bonne bouteille du cellier.

Tenter de retrouver un ami perdu de vue contre ma solitude
Est une solution temporelle emprunte de sollicitude.
Il me restera une bonne bière en échec, pas amère.

Pour tuer l'égoïsme ou l'impuissance
Le repli sur soi par occasion est bienséance
Devoir d'écrire au maire toutes ses chimères.

Souffrir

Bonjour vieillesse bonjour souffrance
Un bipolaire à deux épaules là où ça fait mal
Ouf ! Repli et sieste vœu original
Dés de lard d'épaulard je courbe l'échine en cadence.

A bout de force, peine plus profonde ça commence
Le but sera bientôt atteint, je suis pâle
Je croise la justice masquée histoire de stance,
Sans mot ou stoïque de l'intérieur, je râle.

Vivement le baume à la maison, instant d'être
Dans la rue, je me gèle les mains près d'un hêtre.
Je rêve d'un biscuit trempé dans mon café, ça réconforte !

Déjà la douleur se fait moins intense
La pommade fait son effet, à Dieu, plus d'offense !
Je me sens devenir un saint homme en somme.

Voisinage

Rencontre fortuite d'un homme noir dit bleu
Tellement il paraît sombre dans les ténèbres,
Il s'en tient à demi-mot au juron sacrebleu
Obscure symbiose après la traversée de l'Ebre.

Styx, fleuve des enfers sans pirates célèbres
Où se baignent sauvagement loup et leu.
Cham, ta parole asservie de lumière, vieux corps calleux
Lune, face contre terre striée comme un zèbre.

Oh ! Lune, pleine ou nouvelle en croissance
Tu luis la nuit avec un halo en séance
Astre emblème génésique de la création de Dieu.

Espace-temps, vue du lendemain, un autre jour.
Le soir prélude des songes chaleureux de mes amours
Affirme la peur de ma timidité devant les Cieux.

Sagesse du singe asiatique

La notion de sagesse se résume en vers,
Prière de se boucher les oreilles
De porter ses mains sur des yeux sévères
De bâillonner le devant de sa bouche, masque pareil.

Toutes les prothèses ne sont qu'appareils,
En principe j'y pense comme une idée sincère
La statuette du singe sage, je la vénère
Comme un modèle de sagesse, ersatz de conseil.

Les sens aux abois sans goût sans odeur
Sagesse du dépistage du coronavirus proche de la candeur
Devenir positif pour un bipolaire est-ce possible ?

Concupiscence, exaltation de son ego
Il n'y en a que pour les jeunes en rodéo sur leur vélo
Symptôme liberticide face au stress insensible.

Petit matin

Las de mes songes oniriques je m'éveille
Réveil en lumière j'entame une prière
Je dis à ma femme qu'elle est bonne comme un soleil
Peccata Mundi loin du désordre d'hier.

Une tranche de pain coupée en tiers
Margarine étalée surmontée de miel
La nuit est finie, évanouie le fiel,
Les rêves absurdes qui épouvantent sans bière.

L'horloge tourne ; journal mis en boîte
Kéfir et mots croisés sans main moite
C'est un nouveau début de vie, j'ai l'air guilleret.

Un temps pour tout, la poubelle, pour s'éloigner
Masque de douleur d'épaule à soigner,
Puis, bien en jambe, commerce, je te pillerai.

Hibiscus

Un air trop sec peut les faire jaunir

Ces feuilles d'hibiscus aux fleurs pour tisane

Du bissap on aime sabdariffa sans médire

Il calme la toux, il ne faut pas attendre qu'elles fanent.

Feuilles séchées on les espère diaphanes

Près de la route de la voie, elles transpirent

Tisane diurétique propre à assainir,

Je déverse l'eau, le soir en jerricans.

Hibiscus des marais ou tropical en alcôve

Rose de Chine appelées guimauve

Ils poussent en saison avec les crocus

Boutons, promesse sur tige de jolies fleurs

Plantes annuelles ou vivace si labeur

Nombreux bourgeons en fleurs, jamais déçu.

2ème partie.　　　　　　　　Le coronavirus


Ne cueillons pas l'amanite phalloïde

Dans nos forêts il faut être lucide

Il vaut mieux être craintif ou placide

La cueillette est parfois un bide

Ainsi Chimène aimes-tu Le Cid ?


Même si tu es de sensation frigide

Tu regardes au ciel les perséides

Sans oublier les Léonides

N'embrasse plus sur la bouche, perfide

Reste à un mètre de ton prochain sans bride

Si tu penses que le covid est là laisse un vide

Sinon c'est comme une tentative de suicide

Au pire de l'immunité, tout un génocide

Et peu importe où tu résides

Et que tu en as marre en mars ce mardi des ides

Enfermé dans un tonneau de Danaïdes

Aimerais-tu les nymphes éthérées ou les néréides ?

Sous le flash du radar, tu agis comme un bolide

Te crois-tu en voyage vers l'Atlantide ?


Le gouvernement a décidé de stopper les pesticides

Responsables de tant de mutations fratricides

Face à ces agriculteurs au gain avide,

Réouvrir les maisons closes, les Ehpad, qui décide ?

Pourra-t-on un jour tester pour tous le covid?

Comme on teste par analyse les triglycérides

Chez le prince ah ! Rainer de Monaco, arachnide

Chez les descendants de Mahomet, califes abbassides

Trouver le métabolisme de l'anti-virus comme virocide

La chloroquine le bon soin du docteur Raoult est sans ride

Devant tant d'autres remèdes, impavides face au covid.


Trois francs demandaient à Ovide

De leur accorder un temps de provid-

Ence pour faire la fête par temps humide.

Imagination funeste d'un théologiste acide

Qui écouterait, cœur et cerveau comme organes liberticides.

Ovide répondit : prenez le loisir de lire André Gide.

Ah zut alors ! l'atome d'azote compose un amide,

Tout comme la quinine ou la caféine qui sont des alcaloïdes.

Coronavirus 1

Il y eut la peste le choléra et le sida
Qui mobilisèrent docteurs et infirmiers
Maintenant, le coronavirus nous rend flagada
Par des contacts familiers pourtant prohibés.

Sûr, les gilets jaunes, les grèves c'était un autre dada
Contestations contre les inégalités, un pigeon ramier
Dans les rues rode l'anar, fin limier
Comme la fièvre jaune virus en temps de ramadan.

Pneumonie, fièvre sont les symptômes comme la toux
Depuis belle lurette, je ne joue plus au tarot du tout,
Je prends ma température qui reste basse.

L'incubation dans le confinement est une attente.
Un farniente en ego est capital je m'en contente
Je n'ai plus envie de chanter avec ma voix de basse.

Coronavirus 2

Comme un ennemi sournois et latent

Invisible et contaminant il est là

Dans le corps des gens où personne ne l'attend

La contagion du virus porte vers l'au-delà.

Évidemment le président a été éloquent

Fermer les écoles faire ceci ou cela

Juguler la pandémie en célibat

Ou marié sous un soleil éclatant.

Personne ne parle plus des bombes à neutrons

Qui épargnent les immeubles, les humains les tueront

Ce virus touche les personnes âgées affaiblies.

Malheureusement en confinement, sans visite,

Elles espèrent toutes des jours meilleurs, vite

Si un jour la mesure d'isolement s'assouplit.

Coronavirus 3

Le virus nous soumet, comme l'exode de quarante
À une quarantaine de quatorze jours forcés.
Le confinement, mal en réclusion nous hante
Car il y a de nombreux morts au corps sans corset.

Des symptômes on retire la toux la fièvre enfers de Dante
Une respiration difficile des courbatures on le sait.
Des infirmières masquées luttent : il faut soigner
Et sauver des vies, gratuitement sans rente.

Maintenant la contagion est à l'heure de notre mort,
Prions pour qu'aucun microbe ne touche notre corps.
Eléazar drapé par Dieu, reste à nos côtés !

Fais-nous éviter ce fléau nouveau
Fais-nous résister au mal, le monde est si beau !
Grâce au discernement discipliné dont tu nous as doté.

Coronavirus 4

Il commence à avoir une légende tenace
Au sujet du virus et de sa création en genèse
Sorti d'animaux en laboratoire chinois une hypothèse
Une chauve-souris mordant un pangolin, maudites races.

Dissémination et contagion laissent des traces
Le nombre des décès s'élève et sur l'opinion pèse
Sur le moral des économistes, avant voraces
De gain de pain pour des petits français sans aise.

Se garder de tout contact avec autrui
C'est aimer Dieu et son mystère invisible sans bruit
Écrire toujours et encore pour soi et dire.

Sans médire, restons vigilant pour que le mal ne me tire
Par les pieds au dehors, mes sonnets en satire
À moins d'un mètre le danger les attire.

Coronavirus 5

Au nord il y ait les corons

Au sud des navires russes

Le monde cessa de tourner rond

Bachelet, Poutine opportuns qu'ils fussent.

Dans la rue déserte un indien Huron

Un scalp et des plumes, drôle de gus !

Coronavirus ! Descend donc du bus !

S'exclame le président Macron.

Les vieux n'attendent plus rien de la vie,

Du confinement ils ne sont pas ravis,

L'Ausweis exigé le porte-t-il ?

La discipline sied bien à la sagesse,

C'est aussi le moment d'afficher sa paresse.

Les réfractaires en prison ? Action futile !

Coronavirus 6

Imprévisible et diabolique dans le chaos actuel,
On nous parle de masques pour les anglais
Il n'y en a pas assez en France, triste état factuel
Au Brésil sans autre fléau le coronavirus devient plaie.

Il ravage l'Italie, il reste virulent sans duel
Malgré un confinement général, s'il te plaît.
Fièvre, toux avec détresse il tue de Nice à Calais
Pendant ce temps, les médias diffusent des chansons de Bruel.

Il existe une suspicion sans dépistage généralisé
Un soupçon sur notre prochain à un mètre maîtrisé
C'est un microbe porteur de mauvaise nouvelle.

Sournois, révélé avéré par des comptages
Est-il un ennemi omniprésent dans notre parage ?
Et moi, porteur ou non ai-je la vie belle ?

Coronavirus 7

Que l'esprit vienne au secours de notre faiblesse

Car il est plus facile de douter que de croire

Reviens sur Terre Jésus, en parousie avec noblesse

Juger les vivants et les morts, le temps est de les apercevoir.

Volonté de soigner face à celle de survivre, quelle hardiesse !

Admirons sans crainte la rencontre de l'espoir

Stoppons les loisirs violents pour une empathie avec gloire,

Respirons, inspirons par le souvenir des caresses.

Un florilège de poésies et de prières émises dans le noir

Au confinement dans l'espoir d'un retour au soir

Un recueil de messages poétiques dictés par Amour.

Continuez à ne pas venir me voir, sans contamination,

Vous me garderez en bonne santé sans tentation

Si telle est votre vocation écrivez-moi à votre tour.

Coronavirus 8

Comme Zorro, bas les masques
Avec les anars il faut prendre des gants
Lave-vaisselle les mains dans la vasque
Au bal masqué, ohé ! ohé ! soit exigeant.

Si tu joues au poker, une quinte de toux dans les basques
Mise si tu as la main, soit élégant !
Si tu perds ne devient pas méchant !
À tel point qu'il te faudra porter un casque.

Bas les masques ! Pense à tous ceux en réa,
La contamination est affaire d'aléas
Si tu as de la chance tu passeras au travers.

En tâtant des choses par autrui déjà touchées
Si tu t'approvisionnes sans gant, alors danger
Reste chez toi sans aller au diable vauvert.

Coronavirus 9

La coqueluche est une maladie bactérienne
Le covid dix- neuf une maladie virale
La toux est un symptôme commun par voie aérienne
Attirée comme par de l'encens en spirale.

Le Bacille de Bordet en terre de Sienne
Ne donne aucune immunité, quête dalle !
Incubation sans symptôme comme la gale
Sans persienne, ma femme est parisienne.

Une différence le virus est plus petit que la bactérie
La polio est due à un virus, la peste à une bactérie
Tout comme la grippe espagnole tout aussi épidémique.

Un seul mot d'ordre à respecter : restons chez nous !
Une grande sortie commerciale par semaine, pas vous ?
Couvre-feu pour tout fumeur, sans réplique.

Coronavirus 10

Ami du poète, luttes-tu aussi face aux médias ?
As-tu ton bon ange gardien auprès de toi ?
Tu comptes pour un dans les stars et la comédie
Del Arte en toute langue y compris le patois.

Il y a au portillon des postillons qui infectent, Buenos Dias
Quand un voisin éternue sans masque je reste pantois,
Je peux être receveur mendiant et je suis si seul sans toi !
Sans conseil et sans but j'erre, mama dia.

Qu'avez-vous fait femme hardie du prévoyant ?
Face à ce virus invisible, foi et mystère en croyant
Au Dieu généreux maître des aléas et de la chance.

Peu importe le temps des larmes qui désarme
Résistance sans grattage, ticket de couleur parme
Le poète immunisé par sa muse tance et danse.

Coronavirus 11

J'ai vu un film trois hommes et un confins
Puis le Corniaud de la société Corona
Et entendu chaque jour le nombre de décès sans fin
Mais jamais le nombre de naissance, madone.

La maternité en temps de virus et Lisa Mona
Serait occultée au profit des défunts.
Souffrir du covid une bonne douche en main
Il faudrait rouvrir, piscine et sauna.

Mine déconfite à venir des écoliers bercés
Par les médias porteurs d'intox, pour oreilles percées
Un décompte progressif quotidien reste capital.

L'annonce de la mort d'un homme célèbre
Une porte s'est ouverte au royaume des ténèbres
Mais combien d'inconnus, soumis à cette force virale ?

Coronavirus 12

Luttons contre incivilité et désordre

Il y a bien des gaspillages par l'homme

Et aussi des pillages, qui mordre ?

En temps de manque, que faire en somme ?

Le taux de morbidité, seul, fait désordre

Les jeunes au chômage, en pardon ? Les mêmes !

Entrelacés et bavards partout loin de Rome

Jean hait assez ! Mon épaule est à se tordre.

A petit feu un cigare s'allume, une taffe,

Plusieurs volutes éthérées sans y faire gaffe

Des groupes de sportifs restent à distance.

Mais le collectif est banni, sans contact

Un bonjour hâtif se dévoile pour tout acte

L'esprit rend grâce par un salut sans consistance.

Coronavirus 13

Confinés, les écoliers révisent et se prélassent
Moment sacré de mon ego aveugles poubelles à jeter
Les éboueurs zélés dans un signal sonore passent
Je me déconfis un instant, pour le pain à acheter.

Un virus toujours latent jamais de guerre lasse
Foudroie nos anciens sans s'arrêter
Bas les masques ! Comme Zorro qui se fait bretter
J'utilise ma tire et son joint de culasse.

La station des Contamines Montjoie est fermée aux vacances
La contagion s'avance jusqu'à Saint Paul De Vance
C'est surtout en Ile-de-France en plus grande densité.

Qui est malade du covid, qui se propage ?
Mal invisible et sournois sans présage.
Rumeur tuée dans nos cités en cécité.

Coronavirus 14

Machiavel a dit : celui qui gère la peur
Domine les âmes, je le proclame.
Loin le confinement et les problèmes de cœur
Devant l'effet du virus invisible et infâme.

Les drapeaux aussi sont en berne à toute heure
Il existe une option avec le télétravail sans blâme
L'isolement est difficile sans mélodrame
L'espace et le temps sont tellement meilleurs !

Sortir se ravigoter pour humer l'air pur
Une résurrection, sans érection contre nature.
Un arbre planté bien droit est majestueux.

En rêve éveillé par mes songes maudits
Je médite sur des mondanités sans crédit
Pour enfin croire à des jours plus fastueux.

Coronavirus 15

Un mot à la mode : le cluster
En réseau c'est une grappe de données
Sur route un embouteillage de Duster
Bison fûté l'ouvre à ses abonnés.

La pandémie renaît après une pause bien sonnée.
Se dénuder sur les plages en mangeant du munster
Loisir gastronomique dont raffolent les hamsters.
Sans masque devant Dieu nous serons pardonnés.

Ma claustrophobie se pare sans liberté
Par le reflet des médias qui s'allume sans netteté
Ce lieu en rouge ardent confiné, but de congé.

Laisser-aller, bronzette, relâchement, bisous
En été comme avant des masqués absous
Sur le transat, tout le corps allongé.

Coronavirus 16

Le confinement n'a pas altéré mon consumérisme
Il ne m'a pas rendu plus riche ni pire.
Secret de mains sans manières
Un moment de détente et de charité m'inspire.

Un sans domicile fixe voudrait quêter pour un empire
Un café ou une bière suffit à son libéralisme.
Force est de croire à l'œcuménisme
Charité sans souffrance, empathie j'espère.

Honorer Dieu et son père en offrande de paroles
Avec pesetas ou écus ou près du lutrin, le beau rôle
Il y a peu j'aurais donné tout ce que j'avais.

Pour un débat improvisé sur nos motivations
À travailler et recevoir des informations
Réduit à ma science poétique je maugréai.

Coronavirus 17

Toutes les observations en prière pressante
Sur les rassemblements inappropriés suffisent peu
Face à la volonté individuelle, humeur délassante
Que le coronavirus soit là, une pandémie que rien ne dissipe.

Dépistage négatif tout va bien Hourra hip hip hip
Porteur du virus bien que négatif, quelle attente !
Dépister un pour cent de malade action délirante
Éviter la contagion à bord d'avion, un mythe.

L'étudiant asymptotique trace une asymptote.
Lent terne il oublie le principe d'Aristote
Il jouait jadis avec la vie, il se disait immunisé.

Maintenant il s'amuse en héros, Zorro masqué
Il crie il rit il s'agite il boit un café lacté
Instant estival il en omet le virus amenuisé.

Coronavirus 18

Volonté des uns et des autres
À faire le bien plutôt que le mal
Sur mon ordinateur infecté d'un virus sale
Je conçois mon livre en bon apôtre.

Apôtre je ne le suis pas mais suis des vôtres
Devant mon fidèle ennui, mon os, je râle
Prière au secours de patenôtre
Sans témoin je me tire une balle.

Sans être armé et sans amour je vis
Alors que la tempête sévit
Que le coronavirus frémit

Dans les hôpitaux ce n'est pas permis
Tous les actes médicaux remis
Omarthrose de l'épaule que je me suis démise.

Coronavirus 19

Ainsi l'espoir est né de la chloroquine

Certain docteur l'a testé et l'atteste

Tant d'information médiatisées partagées nous minent

Il faudrait des années pour trouver un traitement, du reste.

Le rite habituel apporterait un salut sans ruine

Du corps et de l'âme, espoir concret par de saints gestes

Pour accéder librement dans l'empire céleste

Un cachet de nivaquine, un loto et son quine.

Le buis attaqué par la pyrale d'Asie

L'homme confiné sans terme, une hérésie ?

La Nature revit, c'est le printemps sans pollution.

Des voitures et des hommes sans argent

L'après remède nous rendrait plus indigent ?

Un doit mourir pour que le pays survive, solution ?

Épilogue.

Le confinement à ce côté positif qui nous fait oublier le côté opposé comme les faces d'un dé, mais Einstein a dit Dieu ne joue pas aux dés, tort ou raison à savoir un l'univers est géométriquement déterminé ou en expansion.

Foi et savoir sont intimement liés par le mystère, celui de leur origine.

Imaginons une société où tout le monde serait de la même opinion, dans le cas du virus, l'universalité est dirigée par la volonté de trouver un vaccin au plus vite car le nombre des décès est important. Résurgence des besoins de l'humanité à nourrir ses enfants. La question est de savoir si les pauvres seront mieux vaccinés que les nantis. Que nos présidents et premier ministre nous donne l'exemple et se fassent vacciner en premier.

La poésie en confinement ne peut se prévaloir que d'une forme libre en réaction avec les mesures sanitaires proches de la promiscuité. Difficulté avérée d'inspiration en alexandrin, car l'imagination est sans limite, mais la prévision d'une alerte bactérienne avait été scientifiquement plausible dans l'état des relations internationales basées sur une économie à couteaux tirés, en particulier entre Chine et Usa.

La discipline est certes un carcan contraignant, la poésie est un art rigoureux, mais toute la bonne volonté du poète ne doit pas s'arrêter à un fond et une forme qu'il ne juge pas appropriés à la circonstance de pandémie et sa volonté de faire chanter ses rimes dans un but d'évasion de son prochain par l'Esprit, un début de spiritualité.


Ne pas se borner avec des œillères, à appliquer des méthodes normatives en créant une forme libre de poésie moderne adaptée à notre temps. L'histoire n'oubliera pas la convention de départ selon Marot sur sa conception des sonnets.

## Table des matières

| | | |
|---|---|---|
| Prologue | page | 1 |
| première partie | page | 4 |
| Le téléphone | | 5 |
| Le salon de coiffure | | 6 |
| Paroles de chocolat | | 7 |
| Maison d'édition | | 8 |
| Le Kéfir 1 | | 9 |
| Le Kéfir 2 | | 10 |
| Trahison | | 11 |
| Pâques | | 12 |
| Foi | | 13 |
| Promenade | | 14 |
| Chlordécone | | 15 |
| Travail | | 16 |
| Tempête | | 17 |
| Ehpad | | 18 |
| Souffrances | page | 19 |
| Masque | | 20 |

| | |
|---|---|
| Notre Dame de Paris | 21 |
| Mythe de la caverne | 22 |
| Le nain | 23 |
| Une rencontre | 24 |
| Prophètes | 25 |
| Ecoute dans la nuit | 26 |
| Déconfinement | 27 |
| Tu sors | 28 |
| Maman | 29 |
| L'ordre | 30 |
| Souffrir | 31 |
| Voisinage | 32 |
| Sagesse du singe asiatique | 33 |
| PetIt matin | 34 |
| Hibiscus | 35 |

2ème partie : le coronavirus        page        38

Sonnets coronavirus de 1 à 19 à partir de la   page 41 à 59

Epilogue                                60

© 2020, Pariset, Claude
Edition : Books on Demand,
12/14 rond-Point des Champs-Elysées, 75008 Paris
Impression : BoD - Books on Demand, Norderstedt, Allemagne
ISBN : 9782322260270
Dépôt légal : décembre 2020

## Bibliographie

Les plis de ma mémoire

Une bonne conscience

Des mots au-delà des maux

Hier et maintenant

Moi, Claude fumeur en carême

Magot tabou pour toubabou

Biographie fils de percepteur

Ode et sonnets marotiques

Théâtre et poésies

Temps présent

Accessibles dans Amazon et en service chez BOD

Correspondances avec auteur : cledel2@wanadoo.fr qui appréciera vos remarques et y répondra.